L²⁷ₙ
28975.

HISTOIRE MERVEILLEUSE

D'UNE

PETITE FILLE DE SIX ANS

PAR

M. l'Abbé J. B. PARDIAC

2ᵉ Édition

PARIS
G. TÉQUI, LIBRAIRE-ÉDITEUR
de l'Œuvre de Saint-Michel
1876

PARIS-AUTEUIL

Imprimerie des Apprentis catholiques

ROUSSEL

PETITE FILLE DE SIX ANS

..... Elle était du monde où les plus belles choses
Ont le pire destin ;
Et, rose, elle vécut ce que vivent les roses,
L'espace d'un matin.
(MALHERBE.)

HISTOIRE MERVEILLEUSE

D'UNE

PETITE FILLE DE SIX ANS

PAR

M. l'Abbé J. B. PARDIAC

—

2ᵉ Édition

—

PARIS

G. TÉQUI, Libraire-Éditeur

de l'Œuvre de Saint-Michel

1876

PRIÈRE D'UNE PETITE FILLE

Mon Dieu, qui pouvez tout, écoutez la prière
D'une petite fille humblement à genoux ;
Car on dit qu'ici-bas tout est larme et misère,
Quand votre main, Seigneur, se retire de nous.

Je ne demande pas ce que donne la terre
Aux enfants comme moi ; j'implore un meilleur don :
Accordez du bonheur à mon père, à ma mère,
Qui m'apprennent tous deux à bénir votre nom.

Pour les autres, aussi, souffrez que je vous prie ;
Il est des malheureux sans asile, sans pain :
Secourez, ô bon Dieu, leur misérable vie,
Car un jour est bien long, bien long quand on a faim.

Puis il est des enfants isolés sur la terre,
Qui tout petits encor n'ont déjà plus de mère ;
Donnez à ces enfants un bon ange gardien,
Qui dirige leurs pas dans la route du bien.

Faites que je sois bonne, ô Dieu, que je réponde
Aux vœux de mes parents ; qu'enfant douce et pieuse,
Je fasse bien longtemps leur bonheur en ce monde
Pour qu'un jour à venir, je les rejoigne, heureuse !

V. Or.

Paris-Auteuil, imprimerie des apprentis catholiques-Roussel.

AUX
PETITS ENFANTS

—

Ecoutez, petits enfants, ma petite morale. C'est à vous que je destine ce livre; il ne convient qu'à vous, à cause de votre âge, et j'aurais tort de l'offrir à ceux qui sont plus avancés dans la vie. Chaque âge a ses devoirs : les vôtres, chers enfants, ne sont ni bien lourds, ni bien nombreux. On n'exige pas de vous des choses pénibles, parce qu'on sait bien que vous êtes trop jeunes pour être capables d'un travail long et difficile. Mais on vous demande avec raison un peu de sagesse et d'obéissance. Vos bons parents attendent de vous autre chose que des baisers et des caresses. Plus ils vous aiment, plus ils désirent que vous ressembliez au petit enfant Jésus, qui grandissait en sagesse à mesure qu'il avançait en âge. S'ils vous gâtaient par une indulgence aveugle, ils vous rendraient un mauvais service, que vous leur reprocheriez vous-mêmes plus tard. Vos défauts se développeraient avec vos forces, et vous seriez obligés de prendre plus tard beaucoup de peine pour vous corriger, tandis qu'à l'âge où vous êtes, cela vous est très-aisé.

Avez-vous jamais remarqué, mes enfants, à côté des grands chênes, quelqu'un de ces petits arbrisseaux qui sont nés sous leur ombre? Si le chêne séculaire, sous lequel vous vous êtes amusés tant de fois, n'est pas bien droit, ou bien s'il penche d'un côté ou d'un autre, personne ne peut le redresser, parce qu'il est trop vieux. Mais l'arbrisseau qui prend un mauvais pli, est encore flexible. On le relève, sans le rompre; on peut même le greffer, s'il est nécessaire, pour lui faire produire de meilleurs fruits. Vous ressemblez, petits enfants, à cet arbrisseau. Comme lui, vous êtes jeunes; comme lui, vous obéirez à la main qui vous dirige pour vous empêcher de contracter de mauvaises habitudes.

Croyez-moi, mes chers enfants, vos parents sont vos meilleurs amis, même quand ils vous grondent ou vous corrigent. Personne ne vous aime autant qu'eux. Aimez-les beaucoup, vous aussi, et faites leur bonheur par les vertus de votre âge. Rien n'est aussi aimable et aussi aimé qu'un enfant à qui on ne peut rien reprocher. Tout le monde le loue, Dieu le bénit et la Sainte Vierge le protége. S'il devient grand, il fera bien sa première communion ; et s'il meurt, les anges, dont il est l'ami et le frère par sa sagesse, le transportent dans le ciel, pour lui faire partager leur félicité.

Vous allez lire dans l'histoire d'un enfant de votre âge un récit bien touchant. Ce n'est pas un conte, mais une histoire bien vraie, quoique bien admirable. Quand vous l'aurez lue, vous direz peut-être : « Je voudrais être sage comme Thérèse. » Ceux qui lui ressembleraient seraient, en effet, bien heureux et bien dignes d'éloges. Eh bien ! il dépend de vous de l'imiter. Demandez-le souvent à l'enfant Jésus, patron et modèle de l'enfance.

HISTOIRE MERVEILLEUSE
D'UNE
PETITE FILLE DE SIX ANS

Marie-Louise-Françoise-Augustine–Thérèse*** naquit à Bordeaux le 22 août 1844.

Sa naissance fut presque un miracle. Dieu protégea visiblement la mère et l'enfant. Les parents, fidèles à leur devoir et plus désireux encore de sauver son âme que ses jours, s'empressèrent de la faire baptiser. Elle reçut avec le titre de chrétien le nom de *Thérèse*, sous lequel nous la désignerons désormais, en cachant son nom de famille. Thérèse, l'enfant de la Providence, se fortifia et rassura bientôt sa famille tremblante par les apparences d'une constitution robuste et d'un tempérament solide. On l'aimait tant, la petite Thérèse, qu'on craignait, à chaque instant, de la voir tomber malade. Son sourire égayait tout le monde, et on y répondait par mille baisers. Il y avait dans son regard tant de candeur et d'innocence, et dans ses caresses un charme si puissant, qu'on s'oubliait auprès d'elle et qu'on ne pouvait s'empêcher de l'affectionner. Pauvre petite Thérèse ! elle était bien heureuse, sans s'en douter, et elle rendait bien heureux tous ceux qui l'entouraient. On jouait avec elle, avec ses petites mains, avec ses naïvetés enfantines. Tout plaisait en elle, parce qu'elle était aussi innocente qu'elle était aimable.

Quand elle sut parler, elle répétait amoureusement les saints noms de Jésus et de Marie, que sa maman lui avait appris. On lui enseigna ensuite sa prière. Thérèse avait tant de plaisir à prier le bon Dieu, qu'elle n'y manquait jamais le matin et le soir. Il lui arrivait même quelquefois d'interrompre ses jeux pour se retirer auprès de la petite chapelle qu'elle-même s'était faite, et qu'elle ornait de fleurs et de bouquets. On était édifié de la gravité avec laquelle elle prenait de l'eau bénite et traçait le signe de la croix. Elle comprenait que puisqu'on parle à Dieu en le priant, il faut le faire avec attention et dans une attitude respectueuse. Elle aurait préféré omettre sa prière que de la faire avec dissipation; imitant en cela les enfants bien sages, qui savent qu'il y a un temps pour tout : un temps pour s'amuser et un temps pour prier.

Thérèse grandissait sous les

yeux de sa mère, de son père et de toute sa famille, qui l'adorait, sans la gâter. Comme un enfant bien élevé ne doit pas rester sons rien faire, et comme la paresse est un grand défaut et l'ignorance une honte, on l'appliqua bientôt à des études proportionnées à son âge. Elle apprit à lire sur les genoux de sa maman, et mérita plus d'une fois par son travail de jolies récompenses, qui lui faisaient bien plaisir, parce qu'elle les avait bien gagnées. Un peu plus tard, elle commença à écrire. Son application et sa bonne volonté la firent réussir dans ce travail aussi bien que dans la lecture.

Aussi tout le monde la louait et la félicitait de ses succès. On avait raison : car elle était, en effet, bien raisonnable et bien laborieuse.

Ne vous imaginez pas, cependant, mes enfants, qu'on la retînt au travail pendant de longues heures, et qu'on la captivât du matin au soir pour en faire une petite savante. Après ses petites études, Thérèse s'amusait et folâtrait beaucoup: elle s'amusait même de tout son cœur, parce qu'elle était toujours contente et qu'elle ne se faisait jamais gronder.

Parmi ses récréations, il y en a une qui lui convenait davantage, parce qu'elle convenait également à sa mère : c'était son piano. Thérèse, fille d'une mère éminemment artiste et musicienne, était douée d'une aptitude rare pour cet instrument et pour la musique. Elle était déjà assez forte à un âge où les enfants commencent à peine à promener leurs doigts sur un clavier. C'était vraiment merveille de la voir exécuter des morceaux assez difficiles et triompher des obstacles qui arrêtent la plupart des autres enfants. Mais il est juste de déclarer, à la louange de Thérèse, qu'elle devait ses rapides progrès à son application encore plus qu'à son intelligence.

A part sa bonne volonté habituelle, la crainte de chagriner sa maman aurait suffi à Thérèse pour la faire obéir et lui faire aimer le travail. Elle se soumettait à tout et ne résistait jamais. Après Dieu, ses parents étaient tout pour elle. Elle les aimait plus qu'elle-même et n'était jamais plus heureuse que lorsqu'elle trouvait l'occasion de leur faire plaisir.

Mais Thérèse n'était pas seulement affectueuse pour ses parents et docile à leurs moindres désirs. Elle savait encore joindre le respect à l'amitié et profitait avidement de toutes les leçons relatives à ce devoir important.

Un jour, Thérèse avait alors cinq ans, une nièce de Mlle de Lamourous envoya à sa maman le portrait de cette sainte personne avec le livre qui contient sa vie. Mlle de Lamourous s'appelait aussi Thérèse. Sa maman lui dit :
« Ecoute, ma fille, je vais te lire
« cette vie, qui t'amusera beau-
« coup. Cette demoiselle s'ap-
« pelait Thérèse comme toi. Mais
« à ton âge, elle était déjà une
« sainte. » Thérèse comprit ce que voulait dire sa mère et en profita. Elle trouvait un plaisir extrême dans les pieux détails de cette vie si édifiante. Parmi tous les traits de l'enfance de Mlle de Lamourous, il y en eut un qui la

frappa singulièrement. « Encore
« enfant, dit l'auteur de sa vie,
« elle demandait à sa mère,
« comme une faveur, qu'il lui
« fût permis de lui laver les
« pieds, et quand elle l'obtenait,
« elle les baisait avec un respect
« religieux. » Ce trait fut pour
la jeune Thérèse un avertissement salutaire. Depuis cette époque, elle ne manqua jamais, quand elle en eut l'occasion, de faire la même chose. Elle prenait de l'eau dans ses petites mains, lavait les pieds de sa chère maman et les baisait ensuite avec amour. Sa maman la laissait faire, remerciant en secret le Ciel de lui avoir donné

une fille si dévouée, la pressait entre ses bras et l'inondait des larmes que la joie lui faisait répandre; car le bonheur a aussi ses larmes.

Jamais on n'eut à reprocher à Thérèse un seul manquement de respect envers aucun de ses parents. Elle aurait été inconsolable si elle avait commis quelque irrévérence ou quelque étourderie qui eût pu la faire accuser d'avoir mauvais cœur. Elle se surveillait elle-même pour éviter tout ce qui aurait pu désobliger les auteurs de ses jours. S'il lui arrivait, quand elle n'était pas avec eux, de tomber dans quelque petite faute, elle était suffisamment punie par la menace de le dire à sa mère. À l'instant, ses yeux se mouillaient de larmes, elle se jetait aux genoux de sa bonne ou de ses tantes, et les suppliait de n'en rien dire à sa *chère maman;* car c'est ainsi qu'elle l'appelait toujours.

Voilà ce qu'était Thérèse à l'âge de six ans et demi, l'idole de sa mère, le charme de sa famille, le modèle de ses compagnes. Elle était aussi l'amie des pauvres : plus d'une fois elle partagea avec eux son argent. Elle mangeait alors un peu moins de gâteaux, se privait de quelque fantaisie et se retirait de la promenade plus contente qu'à l'ordinaire, parce qu'elle avait fait une bonne action.

N'était-ce pas, dites-le-moi, mes enfants, une âme bien née que celle de Thérèse ? Oh ! que la piété, dans tous les âges, sans doute, mais surtout à votre bel âge, place d'heureuses qualités dans un cœur ! Thérèse avait trop bien commencé pour ne pas persévérer ; mais le bon Dieu, qui contemplait au fond de son âme tant de vertus précoces, lui fit grâce des jours et des années qu'il aurait pu lui faire passer sur la terre, et se hâta de récompenser ses mérites.

Comme si Thérèse avait prévu

son dernier moment, elle se mit à redoubler de piété. On remarqua chez elle, au commencement du Carême, un accroissement de ferveur et d'application. Elle évitait avec un soin particulier les fragilités et les imperfections qu'on pouvait encore lui reprocher ; elle faisait mieux ses prières et travaillait avec plus d'assiduité. Elle voulait assister au sermon, qu'elle ne trouvait jamais trop long, et disait, en revenant de l'église : « Cela me « fait du bien, car je sais que j'ai « besoin de me corriger. » Elle se corrigea, en effet, et devint plus pieuse et plus parfaite que jamais.

Le lundi de la semaine sainte, veille de sa maladie, Thérèse remit à sa marraine tous ses joujoux et sa bourse, en la priant de les lui garder jusqu'après le Carême. « L'argent que j'ai
« dans ma bourse, lui dit-elle,
« je le réserve pour les pauvres,
« afin de faire mon Jubilé; je
« veux devenir tout à fait sage et
« me corriger de mes caprices. »
A six ans et demi, cette chère enfant songeait à gagner le Jubilé que le Pape avait accordé. Le chant du *Stabat,* qui est un cantique où l'on raconte les douleurs de la Sainte Vierge, au moment où l'on crucifiait son divin Fils sous ses yeux, l'atten-

drissait et la faisait beaucoup pleurer. Elle disait à sa maman : « Le *Stabat* m'afflige, me fait de « la peine. »

Le mardi saint, elle tomba malade; une fièvre assez forte se déclara et la condamna à garder le lit. Thérèse fut dans son lit de souffrance ce qu'elle avait toujours été, douce, patiente, résignée. Le mal ne l'empêcha point de faire ses prières. Elle les faisait peu à peu, quand elle ne pouvait les faire d'un seul trait. Le second jour de sa maladie, elle demanda le chapelet de sa mère. Elle le prit, en embrassa avec piété la croix et la médaille, le mit autour de son bras et ne voulut plus s'en séparer.

Le mercredi saint, sa maman lui dit : « Ma fille, tu seras « bientôt guérie; je te mènerai « promener avec moi, dès que « tu pourras sortir. — Oh non! « maman, répondit-elle, je n'irai « jamais plus me promener, c'est « fini. » Sa mère ajouta : « Mais, « chère fille, nous allons tant « prier pour toi, que tu seras « bientôt rétablie et que tu ne « souffriras plus. — Oh non! « chère mère, dit Thérèse, je ne « veux pas guérir; le bon Dieu « me fera la grâce de souffrir « toujours un peu plus. »

Sa mère ne put retenir ses

larmes et ses sanglots. Elle embrassa sa chère Thérèse en l'inondant de ses pleurs, et laissa échapper ces paroles : « Tu n'es « pas faite pour la terre, ma fille, « tu appartiens au ciel. — Oh ! « oui, maman, tu as raison, » répondit-elle avec un sourire céleste.

Depuis ce moment, la petite malade ne cessa de prier. Elle répétait souvent sa prière favorite : « O Marie, conçue sans « péché, priez pour nous qui « avons recours à vous ! » Quand elle était en proie à quelque violent accès de douleur, on l'entendait s'écrier, au milieu des contorsions les plus aiguës :

« Mon Dieu! je vous l'offre. »
Jamais une plainte, jamais un murmure. Ses souffrances cependant étaient atroces et sans relâche. Elle faisait pitié à tous ceux qui approchaient d'elle.

Malgré les soins les plus assidus, le mal empirait de jour en jour, d'heure en heure, et prenait un caractère de plus en plus alarmant; on tremblait pour ses jours, on pleurait, on priait autour d'elle. Que n'aurait-on pas fait pour la soulager? Mais le ciel était jaloux de posséder ce jeune ange; il l'enviait à la terre et semblait insensible à tous les vœux qu'on lui adressait pour sa guérison. Thérèse, de son côté, ne désirait point la mort, mais elle l'acceptait avec plaisir; car elle aimait Dieu encore plus que ses parents, et elle savait bien que lorsqu'on meurt on ne se sépare pas pour toujours. Elle n'avait peur que d'une chose : c'était de commettre quelque péché, en s'impatientant. Quand elle sentait qu'elle n'était plus maîtresse d'elle-même, elle demandait qu'on jetât sur elle quelques gouttes d'eau bénite. Cela « me calmera, disait-elle. Par- « donnez-moi, ce sont des ca- « prices, c'est plus fort que moi; « je vous demande bien pardon. Elle disait aussi à sa mère : « Pardonne-moi, chère mère.

« Merci de tout ce que tu fais
« pour moi! Pardonne-moi toute
« la peine que je te donne. Que
« tu es bonne ! Que tu me rends
« heureuse ! » Puis, à la garde-
malade et aux personnes qui la
soignaient : « Pardonnez-moi
« tous mes caprices. »

On jugea à propos de lui ap-
pliquer les sangsues ; on la cou-
vrit d'appareils très-douloureux,
qu'il fallait ensuite lever de temps
en temps ; on lui fit prendre des
remèdes bien rebutants et bien
mauvais. Thérèse supporta tout,
se résigna à tout, de bonne grâce.
Le moment de la panser étant ar-
rivé, elle y consentait sans ré-
sistance. L'excès de la douleur

lui arrachait parfois des cris, mais jamais un murmure. Plus elle souffrait, moins elle semblait souffrir.

Le jeudi saint est le jour où l'on dresse dans les églises de jolis monuments, que les enfants appellent *Paradis :* c'est pour rappeler et imiter le tombeau de Jésus-Christ. A côté des fleurs les plus rares de la saison, resplendissent des cierges et des vases sans nombre, en l'honneur de la sainte Hostie qu'on y dépose pour quelques heures. Ce jour-là, quoique les cloches cessent de sonner, en signe de deuil, et n'appellent plus les fidèles aux offices, tous les bons chrétiens quittent leurs demeures et s'en vont *faisant leurs stations* dans toutes les paroisses. Dans les rues qui mènent aux églises, il y a grande foule; une même pensée religieuse a mis ce monde en mouvement. Thérèse, elle aussi, aurait bien voulu aller à l'église, pour y faire une bonne prière. Mais comment sortir? elle était si malade! Elle s'en dédommagea en faisant une bonne œuvre. Elle entendit dire qu'il passait dans la rue beaucoup de pauvres. A ce mot de *pauvres,* une bonne pensée lui vient : elle prie, à l'instant, sa mère *de leur donner tout son argent et même d'en ajouter beaucoup d'autre;*

aumône héroïque qui aura fait sourire l'enfant Jésus, et la Sainte Vierge, et les anges du ciel, ses frères d'innocence et de charité. Sa maman se pencha vers elle et voulut l'embrasser, pour lui témoigner qu'elle approuvait sa charité. Pour la première fois, Thérèse repoussa les caresses et le baiser de sa mère. Enfants, cela vous étonne ; vous pensez déjà que Thérèse n'a plus ses idées : vous vous trompez. Thérèse reconnaît toujours sa maman ; elle l'aime et l'aimera toujours, et c'est parce qu'elle l'aime plus qu'elle-même, qu'elle refuse ses caresses : « Non, « chère maman, lui dit-elle, ne

« m'embrasse pas, parce que tu
« pourrais attraper la maladie.
« Quel malheur, si tu l'at-
« trapais ! »

Le vendredi saint, jour où N. S. J. C. est mort sur la croix à cause de nos péchés, un prêtre de la paroisse, qui avait été appelé auprès de la petite souffrante, lui proposa de se confesser. Quoique Thérèse n'eût pas encore sept ans, elle était cependant en âge de se confesser, parce qu'elle avait depuis longtemps l'usage de la raison. Elle le fit très-volontiers, déclara ses fautes au ministre du Seigneur et en demanda sincèrement pardon à Dieu. Le même jour, elle reçut le saint scapulaire des mains de son confesseur. Pendant toute la cérémonie, elle pria, les mains jointes, avec un air de piété qui toucha tout le monde. Elle écouta avec bonheur la morale et les exhortations du prêtre, et lui promit de bien aimer la Sainte Vierge et d'être bien sage et bien patiente. Thérèse avait un frère un peu plus âgé qu'elle et un peu malade alors, dans un lit à côté du sien. Elle savait que Louis quittait quelquefois, par étourderie, son scapulaire. Elle s'en souvint, se tourna vers lui et lui dit avec assurance : « Moi, mon frère, « jamais je ne quitterai mon

« scapulaire. » A toutes les personnes qui vinrent la voir, elle disait d'une voix émue : « Je « suis reçue du Scapulaire; « je suis l'enfant de la Sainte « Vierge. »

Elle avait bien besoin, la pauvre Thérèse, que Jésus et Marie vinssent à son secours et adoucissent ses souffrances par quelque consolation religieuse. Son état faisait compassion. Etre si innocente et tant souffrir ! Etre si jeune et mourir ! Ces pensées arrachaient involontairement des larmes à tous les assistants; on pleurait; on priait pour elle; on la recommandait à toutes les saintes âmes et on faisait offrir pour sa conservation le saint sacrifice de la Messe; Thérèse joignait ses prières à toutes celles qu'on faisait pour elle. Mais avant tout, elle était résignée à la volonté de Dieu, et faisait sur elle-même des efforts inouïs pour supporter son mal. Une fois, cependant, elle paraissait s'impatienter un peu. Sa mère lui dit : « Thérèse, ma « fille, ne t'impatiente pas. Dieu a « tant souffert pour toi ! » Elle lui répondit: « Maman, c'est le « petit Jésus qui a souffert pour « moi ; eh bien ! je ne m'impa— « tienterai plus. »

Le même jour encore, sa mère lui dit : « Thérèse, demain on

« va chanter *Alleluia*. Tu pour-
« ras demander à Dieu la grâce
« que tu voudras, il te l'accor-
« dera. Il faut lui demander
« de guérir, chère enfant. —
« Non, maman, répondit-elle,
« je ne veux pas guérir. Je de-
« manderai deux choses au bon
« Dieu : c'est de revoir mon papa
« (son père était parti depuis six
« mois pour les colonies), et
« puis une autre chose que je
« ne veux pas dire, cela te ferait
« de la peine. Mais mon seul
« chagrin, c'est de ne pas revoir
« mon papa. »

Thérèse sentait son mal et comprenait son état. Elle seule n'espérait plus, malgré les soins constants dont elle était l'objet. Elle faisait de bon cœur à Jésus et à Marie le sacrifice de son enfance, de ses jeux, de ses plaisirs, de sa fortune ; car elle était assez raisonnable pour comprendre qu'on est encore mieux au ciel que sur la terre, et qu'on est encore plus heureux avec Dieu qu'avec le père et la mère les plus tendres. Voilà pourquoi elle était si calme, si tranquille au milieu de ses souffrances. Elle ne pleurait pas ; mais elle priait ; ses lèvres murmuraient tout ce que son cœur pouvait lui suggérer, et sa main défaillante traçait fréquemment le signe de la croix sur son front, ou bien en l'air, quand elle était trop faible pour faire autrement.

Le samedi saint, sa mère, de plus en plus alarmée par les progrès de la maladie, la voua au blanc pour trois mois ; elle lui fit part de ce vœu pour augmenter sa confiance en la Sainte Vierge. Thérèse lui répondit : « Merci ! maman. Je me ferai « alors sœur de Charité. Une « enfant vouée au blanc doit « être sœur de Charité. »

Le saint jour de Pâques, après s'être confessée de nouveau, elle demanda l'Extrême-Onction, qui est le sacrement des malades. Les préparatifs de la cérémonie, les cierges qu'on alluma, le crucifix qu'on lui fit embrasser, les ornements du prêtre, les larmes de tous ses parents, à genoux, rien ne l'effraya. Elle aurait été bien fâchée qu'on eût attendu le moment où elle n'aurait plus rien entendu ni rien compris. Pour ceux qui aiment le bon Dieu et leur âme, les sacrements sont une consolation ineffable et non un motif d'épouvante. Thérèse reçut donc avec des sentiments vraiment chrétiens le sacrement de l'Extrême-Onction. C'était un spectacle bien attendrissant de la voir se prêter aux diverses onctions que le ministre du Seigneur fit avec l'huile sainte sur ses yeux, ses oreilles, ses lèvres, son nez, ses mains et ses pieds. Elle n'ignorait pas que ce sacrement est destiné à soulager le corps et l'âme des malades, et remerciait intérieurement Jésus et Marie de cette nouvelle grâce.

Après la cérémonie, on lui offrit quelques gouttes d'une potion qui devait la soulager. Mais Thérèse avait tant de peine à avaler qu'elle repoussa la main qui la lui présentait. Sa bouche était tout ulcérée, et le médecin avait été obligé de la cautériser. A la suite de cette douloureuse opération, Thérèse n'avalait que très-difficilement et très-péniblement les remèdes qu'on voulait lui faire prendre. Mais Thérèse est incapable de désobéir, quoi qu'il lui en coûte. Le prêtre qui l'avait administrée était encore là, à côté d'elle. Il lui présente une cuillerée de potion, en lui disant : « Mon « enfant, acceptez cela pour « l'amour du bon Dieu. — « Oui, monsieur, » répondit Thérèse à haute et intelligible voix. En même temps elle fit le signe de la croix, joignit les mains et fit tous ses efforts pour avaler le remède.

Un miracle seul aurait pu sauver Thérèse. Dieu, qui lui réservait une belle couronne, la laissait souffrir pour exercer sa patience et augmenter ses mérites. Mais le moment suprême approche. Thérèse n'a plus que quelques instants à vivre. Elle l'a pressenti et veut faire à chacun ses derniers adieux. Elle appelle son grand-père, lui passe les bras autour du cou et l'embrasse avec tendresse. Sa mère, sa pauvre mère vient à son tour. Que de sanglots elle étouffe au fond de son cœur, cette tendre mère, pour ne pas contrister sa fille ! Son courage et sa résignation égalent sa douleur. Elle caresse sa chère enfant, l'embrasse, l'embrasse encore, et ne peut s'en séparer. Quel combat entre sa foi et son amour maternel ! « Mon Dieu ! s'écrie-t-elle, « je me soumets. Non, je ne « murmurerai pas contre votre « sainte volonté. Ma Thérèse, « ma bien-aimée Thérèse est « encore plus à vous qu'à moi. « J'aurai encore un fils; mais « je préfère le voir mourir, lui « aussi, et mourir moi-même, « s'il ne doit pas bien vous « servir. Mon Dieu ! mon Dieu ! « ayez pitié de moi ! » Qui n'aurait admiré tant de courage, qui n'aurait partagé ses regrets et sa désolation ? Quelques pleurs lui échappèrent ; mais son cœur brisé et anéanti avait encore assez de force pour offrir au Tout-Puissant le sacrifice immense qui lui était imposé. Après la mère, les autres membres de la famille s'approchèrent de cette enfant chérie, et reçurent ses embrassements. Ainsi un baiser fut le dernier adieu et le testament de la chère Thérèse. Quand ses lèvres décolorées ne pouvaient plus articuler une seule parole, elle tendait les mains vers ceux qu'elle n'avait jamais cessé de respecter et d'aimer et exprimait par ses gestes les sentiments qu'elle ne pouvait faire comprendre d'une autre manière.

Son agonie commença dès ce moment. La respiration devint presque insensible, tous les mouvements cessèrent et le froid gagna peu à peu ses membres. Elle conserva cependant sa connaissance; car quelques minutes avant son dernier soupir, elle fit le signe de la croix et embrassa deux fois son crucifix. Une morne douleur accablait sa famille désolée. Elle avait perdu tout espoir de guérison; mais on osait à peine essayer de la consoler, parce que son affliction était trop profonde. Le prêtre était resté pour bénir les derniers moments de Thérèse et contempler le spectacle de la mort du petit ange qui allait quitter la terre. Son médecin, dont le talent renommé avait épuisé en vain toutes les ressources de l'art, voulait, lui aussi, rester jusqu'à la fin. D'un côté, on regrettait souverainement une enfant si accomplie; mais de l'autre, on était tenté d'envier le sort bienheureux dont elle allait jouir dans le ciel. On meurt si chrétiennement après une vie si chrétienne! Chacun avait les yeux fixés sur la mourante. Mais personne ne remarqua son dernier souffle. Elle s'endormit sans convulsions dans la paix du Seigneur. Autant sa maladie avait été violente, autant sa mort fut calme et tranquille. Elle n'était déjà plus qu'on l'aurait crue encore vivante.

Telle une tendre fleur déracinée par l'orage, conserve quelques instants sa fraîcheur et exhale encore son parfum, avant de se faner et d'être foulée aux pieds !

Quand le médecin eut déclaré que Thérèse avait cessé de vivre, sa mère ne voulut laisser à personne le soin de lui fermer les yeux. Frappée dans ses plus chères affections et déchue de ses espérances les plus légitimes, elle puisa dans les enseignements de la foi une résignation douce et sereine qui ne se démentit pas un seul instant. La perte qu'elle faisait était irréparable, immense, déchirante ; mais sa force d'âme fut invincible. Elle défendit à ses domestiques de se lamenter et de crier, plaça elle-même un petit crucifix entre les doigts glacés de sa fille, la serra entre ses bras, puis s'écarta pour laisser approcher les assistants. Chacun voulait embrasser Thérèse, car on n'avait point peur en la regardant. On croyait contempler un ange dans son sommeil, plutôt qu'un enfant après son trépas. On pleurait involontairement; mais le souvenir de ses vertus et de ses bonnes actions rassurait tout le monde sur le sort de son âme et faisait envier la félicité éternelle qu'elle avait si bien méritée.

Ainsi mourut notre chère Thérèse, dont la naissance avait été saluée avec tant d'allégresse. Elle mourut à Bordeaux, le 21 avril 1851, qui était le lundi de Pâques. Elle était âgée de 6 ans 7 mois 29 jours. Sa vie avait été celle d'une sainte, sa mort fut celle d'une prédestinée.

Mais plus son cœur bon et compatissant, son intelligence précoce, son caractère tendre et aimant, l'avaient rendue chère à ses heureux parents, dont elle était la joie et l'espérance, plus la séparation fut douloureuse; il y a des douleurs qui n'ont pas de nom ici-bas; il y a des choses qu'on sent, mais qu'on ne peut exprimer.

Thérèse ne fut ensevelie que le surlendemain de sa mort. Ses obsèques furent un triomphe, plutôt qu'une cérémonie funèbre. Un petit cercueil recouvert d'un voile blanc, sur lequel brillait une couronne de roses blanches, symbole de pureté et d'innocence, renfermait sa dépouille mortelle; de petites filles jonchaient de fleurs le passage du convoi. L'église Notre-Dame, où elle fut portée, était toute tendue de blanc, et les ornements des ministres des autels n'étaient pas d'une autre couleur. A la messe la voix du prêtre et celle des chantres n'attristèrent point les fidèles par des tons plaintifs et languissants; on chanta, comme au jour de Pâques, le cantique des anges, le *Gloria in excelsis* qu'on supprime aux messes des Morts. La sainte Eglise ne pleure point sur la tombe des enfants, quand l'un d'entre eux, le front presque humide encore de l'onde régénératrice, s'échappe de son berceau pour s'envoler dans le sein de son Père céleste. Elle bénit la bonté infinie du Seigneur avec des accents joyeux et remercie Dieu d'avoir appelé aux demeures éternelles cette jeune âme, qui serait devenue peut-être la proie du vice, si elle avait habité plus longtemps parmi les mortels. Quelque mère, le voyant passer, se signe peut-être en pleurant; mais la voix du jeune élu, si elle pouvait se faire entendre, lui dirait sans doute, comme autrefois Jésus, portant sa croix, disait aux filles de Jérusalem : « *Ne pleurez point sur* « *moi, mais pleurez sur vous-* « *mêmes et sur vos enfants* qui « vous sont laissés. »

L'office terminé, le corps de Thérèse prit le chemin du cimetière. Le caveau qui avait reçu son frère peu de mois auparavant venait de s'ouvrir pour elle. Elle fut placée à côté d'Eugène, comme si le sort du frère et de la sœur était inséparable pendant la vie et après la mort. Ils sont heureux ensemble dans le séjour de la gloire, où ils attendent ceux qui les pleurent ici-bas ; ensemble ils ressusciteront un jour pour assister au jugement dernier, que leur innocence ne peut redouter. Une foule nombreuse avait accompagné Thérèse au champ de la mort. Quand il fallut se retirer, chacun répétait : « C'est un ange « de moins sur la terre, mais « un ange de plus dans le ciel. » A peine songeait-on à prier pour elle. Non, les anges n'ont pas besoin de prières ; c'est elle qui priera pour nous.

Adieu, Thérèse, adieu ! Jouissez de ce bonheur sans mesure et sans fin pour lequel vous avez été créée, et qu'il nous faut conquérir à la sueur de nos fronts ! Vous n'avez connu de la vie que les charmes et les caresses ; l'aurore de votre enfance a été sans nuages. Nos fautes et nos chagrins étaient pour vous des mystères. Adieu, adieu, mais non pas pour toujours ! On nous a enseigné que le sommeil de la mort n'est pas éternel ; on nous a dit que la tombe est un second berceau, où le corps des élus se régénère et se transforme, pour se revêtir un jour d'une gloire éternelle. Mais, jusqu'à ce qu'il nous soit permis de vous rejoindre, priez bien pour les petits enfants, afin qu'ils ne souillent jamais leur âme par le péché; priez pour tous ceux qui vous ont aimée sur la terre, afin qu'ils soient consolés et qu'ils puissent vous aimer encore dans le ciel !

L'amour maternel ne s'éteint pas avec le dernier souffle d'une fille chérie. La pauvre mère de Thérèse a fait apporter sur sa tombe, bâtie en forme de chapelle, plusieurs objets qui lui avaient appartenu : les fleurs qu'elle arrosait, deux petits anges adorateurs de son oratoire, les images de sainte Françoise et de sainte Thérèse, ses patronnes.

A côté de ces images, on aperçoit des couronnes d'immortelles, et puis un médaillon au milieu duquel on a peint une pensée, rien qu'une pensée ! Enfants, vous comprenez quelle est cette pensée : une mère qui a perdu sa fille peut-elle songer à autre chose qu'à son amour infortuné et à ses espérances trompés ? A une mère qui aime ses enfants, on lui arracherait le cœur plus facilement que son amour et son dévouement pour le fruit de ses entrailles. Cet amour est sa joie, son bonheur, ses délices, son trésor. Après l'amour divin, rien de plus pur, rien de plus héroïque que l'affection d'une mère chrétienne. Enfants, aimez beaucoup vos parents, parce qu'ils vous aiment eux-mêmes sans mesure.

La mère de Thérèse ne l'oubliera jamais. Chaque semaine elle va visiter sa tombe. Là, elle épanche devant Dieu ses prières et ses larmes, rétablit l'ordre parmi les vases, les bouquets et les fleurs qu'une main étrangère et indifférente aurait dérangés, renouvelle ce qui est fané, et croit n'avoir jamais assez fait pour honorer les restes chéris de sa fille, qui ressusciteront un jour.

Ce qu'elle fait chaque semaine dans cette habitation de la mort, elle le fait chaque jour dans sa propre demeure. Là encore elle conserve, sans permettre qu'on y touche, une foule d'objets qui ont été à l'usage de Thérèse. Cette enfant de bénédiction semble revivre dans tous ces objets. Chacun rappelle à la mère une parole, une caresse, un baiser de sa fille, ses jeux, ses aumônes et ses petites bonnes œuvres; souvenirs amers et cependant précieux qui entretiennent dans le cœur une tendresse plus forte que la mort, plus durable que toutes les autres affections humaines. Il lui semble quelquefois la voir, l'entendre, l'embrasser. Puis, l'illusion cédant soudain, elle se retrouve seule ; un vide affreux l'environne. Retombant de tout son poids sur son âme abattue, l'horrible vérité : *Tu n'as plus de fille ici-bas*, la perce, la déchire, et retourne à chaque instant le glaive de douleur enfoncé dans son sein.

Et cependant, au milieu de cette douleur profonde, une pensée, comme une brise odoriférante, vient rafraîchir son âme désolée : c'est celle que la foi seule peut suggérer, un souffle d'en haut, de ce divin séjour où Thérèse est déjà heureuse : « Ne sais-
« tu pas, lui crie-t-elle, que le ciel
« est ouvert sans aucun délai
« aux petits enfants que le bon

« Dieu rappelle à lui, et qu'il
« couronne leur innocence ? »

Enfants, voilà mon histoire achevée. Si jamais on vous conduit au cimetière de Bordeaux, et si parmi les mille tombes où sont cachés les restes de tant de familles, vous découvrez celle de Thérèse, dites-vous à vous-mêmes, en lisant son nom, qui n'est accompagné d'aucune épi-
« taphe : Ici repose une petite Sainte. « Je veux lui ressem-
« bler. »

Dieu et vos parents vous béniront, vous grandirez en âge et en sagesse comme l'enfant Jésus, et tôt ou tard le ciel récompensera et couronnera vos pieux succès dans la vertu et dans la pratique du bien !

PARIS-AUTEUIL
Imprimerie des Apprentis catholiques
ROUSSEL

LIBRAIRIE

DE

L'ŒUVRE DE St-MICHEL

LE R. P. FÉLIX, voyant combien est grand le mal produit par les mauvaises lectures, a fondé pour y remédier, autant qu'il est en son pouvoir, l'ŒUVRE DE SAINT-MICHEL, pour la *publication* et la *propagation* des bons livres *à bon marché*.

Cette Œuvre, s'appuyant sur la charité, fait à ses associés (1), aux bibliothèques populaires et aux autres œuvres qui s'adressent à elle, de fortes remises de faveur.

Pour jouir de ces remises, il faut se faire inscrire et adresser les commandes à M. TÉQUI, *libraire-éditeur de l'Œuvre, rue de Mézières*, 6, Paris.

---

(1) Pour être ASSOCIÉ il suffit de faire chaque année, en faveur de l'ŒUVRE DE SAINT-MICHEL, une offrande comprise entre les deux limites de 1 et 100 fr.

Cette offrande doit être adressée au R. P. FÉLIX, cours Léopold, 23, à Nancy (Meurthe), ou à M. DOSSEUR, conseiller référendaire à la Cour des comptes et trésorier de l'Œuvre, rue du Cherche-Midi, 36, Paris, ou enfin à M. TÉQUI, rue de Mézières, 6.

CATALOGUE

Le Catalogue de la Librairie de Saint-Michel contient plus de 5,000 volumes, choisis avec soin pour les bibliothèques populaires.

INDICATEUR

Les personnes qui désireront être toujours au courant des *nouveaux ouvrages* édités par L'Œuvre de Saint-Michel et par les bonnes librairies catholiques, avec lesquelles la librairie de Saint-Michel est en rapport, n'auront qu'à s'abonner au petit journal intitulé

L'INDICATEUR DES BONS LIVRES

A BON MARCHÉ

paraissant tous les mois.

Prix de l'abonnement : un an... 1 fr. 75.

Cette petite publication est utile à tous ceux qui aiment les livres instructifs et amusants.

Chaque n° contient, autant que possible, une petite histoire intéressante.

Paris-Auteuil, imprimerie des apprentis catholiques-Roussel.

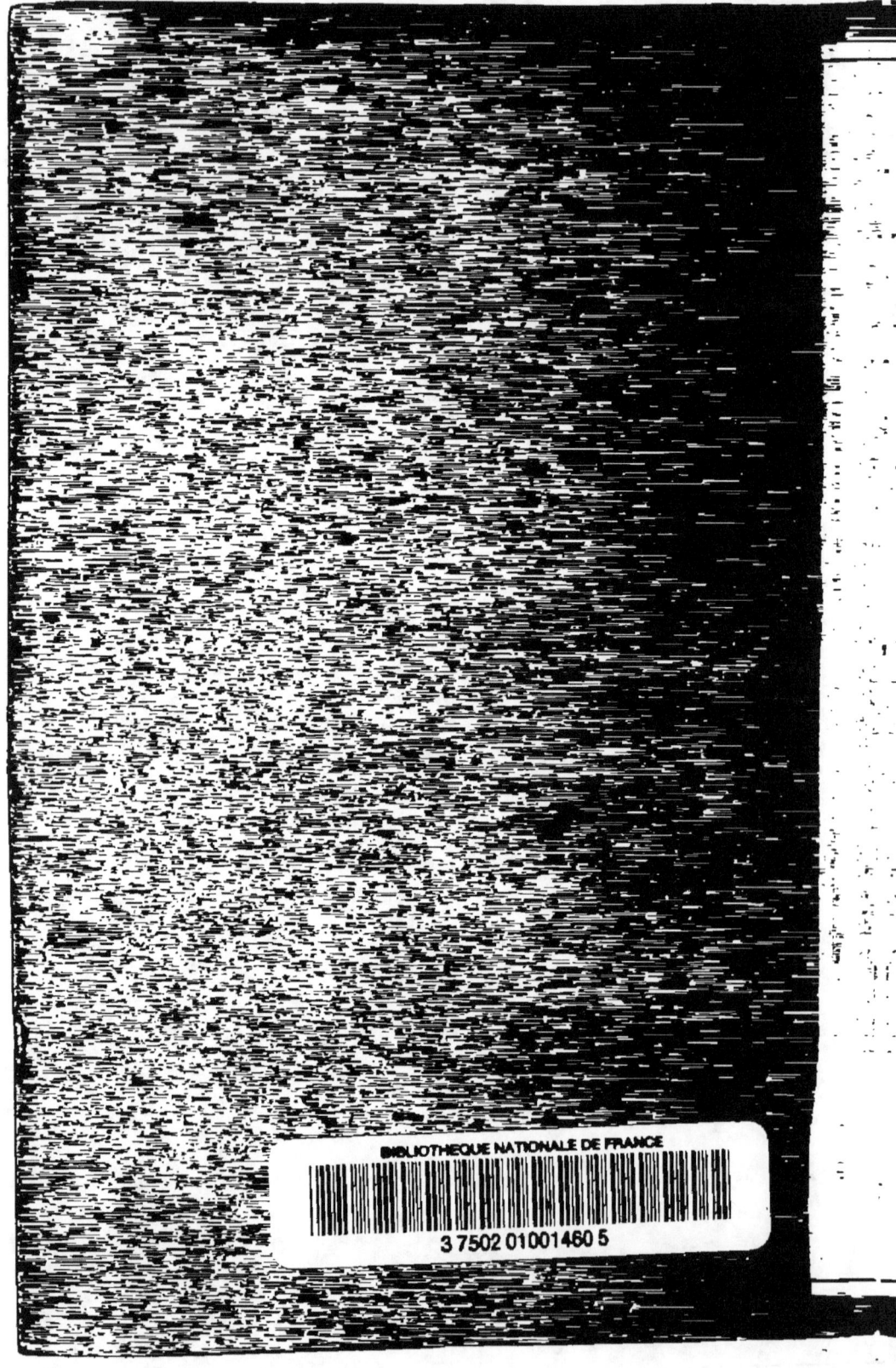

www.ingramcontent.com/pod-product-compliance
Lightning Source LLC
LaVergne TN
LVHW051457090426
835512LV00010B/2203